송림동 닭알탕

송림동 닭알탕

시산맥 기획시선 132

초판 1쇄 인쇄 | 2024년 7월 12일
초판 1쇄 발행 | 2024년 7월 17일

지은이 정하선
펴낸이 문정영
펴낸곳 시산맥사
편집주간 김필영
편집위원 신정민 최연수
등록번호 제300-2013-12호
등록일자 2009년 4월 15일
주소 03131 서울특별시 종로구 율곡로 6길 36. 월드오피스텔 1102호
전화 02-764-8722, 010-8894-8722
전자우편 poemmtss@naver.com
시산맥카페 http://cafe.daum.net/poemmtss

ISBN 979-11-6243-490-1 (03810) 종이책
ISBN 979-11-6243-491-8 (05810) 전자책

값 12,000원

* 이 책은 전부 또는 일부 내용을 재사용하려면 반드시 저작권자와 시산맥사의 동의를 받아야 합니다.
* 이 책은 교보문고와 연계하여 전자북으로 발간되었습니다.
* 본문 페이지에서 한 연이 첫 번째 행에서 시작될 때에는 〈 표기를 합니다.
* 저자의 의도에 따라 작품의 보조 동사와 합성 명사는 띄어쓰기가 달라질 수 있습니다.

계양산성 (정하선 2018)

송림동 닭알탕

정하선 시집

■ 차 례

1부

송림동 닭알탕	19
온 동네를 수놓을	20
소래포구에서	21
계양산	22
등대	23
바다는	24
내 나라가 최고랑께	25
떡볶이	26
파장	27
맥문동	28
겨울 종달새	29
문경새재에서	30
가을 저녁	31
잠자리	32
맹인 권투선수	33
수련	34
2013. 2. 28일	35
10원짜리	36

2부

풀씨 하나를 위하여   39
갯것 바구리   40
삭제한 전화번호   42
빗방울   43
견디며 사는 나무   44
꽃으로 보면   45
이팝나무   46
가을 달팽이   47
골목길 돌담   48
열두 칸 열차   49
앞산 단풍   50
하작   51
아내   52
달맞이꽃   53
민낯   54
금요일 같은 사람   55
귀뚜라미   56
가을날   57

3부

목화	61
며느리발톱	62
오해	63
세월호 희생자 추모 시	64
밴댕이	66
무인도	67
아내 걱정	68
일상이 되어버린	69
부부	70
주연	71
서부간선수로 1	72
서부간선수로 2	73
내 안에 있는 나	74
아라뱃길	76
청라도	77
왜인지 몰라도 통쾌하다	78
덕적도에서	79
부평초	80
부평 지하상가	81

4부

쓰러진 벼 85
5월 86
텔레비전 87
새재장 88
이삿날 89
사는 사람 90
10월은 91
깨진 유리조각 92
넥타이 맨 송아지 93
고등어 94
누우 떼 95
할머니는 96
아버지는 98
형은 99
밤 치는 밤 100
보면 안 돼 102
라일락 세 그루 104
써레시침 105
돌멩이 106

가을 편지	107
비망	108
물푸레나무	109
고란초	110
지금 내가 서 있는 이 자리가	111
가장은	112
하루쯤 삐비꽃 흔들리듯이	113
흙길	114
청사초롱	115
밥풀	116
아침에	117
아마도	118
능소화	119
하루는 왜 이리 길고	120

1부

송림동 닭알탕

송림동 닭알탕에는
국물 위에 그렁그렁
노란 달이 뜬다
눈동자처럼 뜬다
눈물처럼 뜬다
한 개도 아니고
두 개 세 개 뜬다

알이 되지 못한 알이
병아리로 태어나지 못하고
가난한 노동자의 가난한
끼니로 둥글게 태어나서
만월을 품어 만삭한
임부처럼
또 하루를 출산시킨다.

- 2019. 11. 11
2022. 인천 지하철 스크린 도어 게재 시

온 동네를 수놓을

당신 입에서 핀 꽃에
내 입에서 핀 꽃을 포개
향기 낳으면
온 동네를 수놓아
번져가고
울림으로 돌아오고.

소래포구에서

겨울비가 오네
우산 모서리
빗방울 떨어지네
빗방울 어깨를 적시네
소래포구 비좁은 장거리
삶이란 이런 것이었던가
비린내 나는 좌판 같은 세상
비집어 걸어가듯 살아가는 것
옷깃 적시며 적시면서도
서로의 어깨를 적시면서도
내일은 맑게 개겠지
하늘을 쳐다보면서.

계양산

계양산 산길에는
고향의 봉두산 발길이
포개어져 있어
맨몸으로 오르고 내려도
나무지게 지고 오르내리던
고향의 봉두산 발길이
포개어져 있어
산새도 그곳 산새가 여기 와서 울고
진달래도 그곳 진달래가 여기 와서 피고.

등대

내가 싫어서 갔겠느냐
먹고살기 위해 떠났겠지
아님 꿈 찾아 떠났겠지
넌들 세상 풍랑 두렵지 않았겠느냐
꼭 돌아오리라 믿는다
만선으로 왔으면 좋겠지만
설령 만선이 아니고
빈 배로 온들 어쩌겠느냐
반드시 돌아오리라 믿기에
밤낮으로 등불 켜 놓고
널 기다리고 있다.

- 2014. 2. 26

바다는

내 가슴 퍼렇게 멍든 줄 모르고
사람들은
밤마다 잠 못 이루고 뒤척이는 줄 모르고
사람들은

가슴이 멍들어도
밤잠 못 자고 뒤척여도
넉넉하게 보이려고
행복하게 보이려고
하는 나를
사람들은

- 2014. 7. 10

내 나라가 최고랑께

세상천지
다 댕겨봐도
내 나라만 한 곳 없드랑께
산 좋고 물 좋고 공기 좋고
어디 그것뿐이당가
인심은 또 어떻고
콩 소사 하나노 나눠 먹고
기름 좌르르 흐르는
뜨끈뜨끈한 쌀밥 숟갈 가득 떠서
짐치 한 가닥 쭉 찢어 얹어 묵는 맛
그건 또 어떻고
이 땅은 내 조상이고 내 집이고
내 부모고 안방 구들방이고 아그덜이랑께
나가 안 사랑하믄
누가 사랑해 주겄는가
나가 난 곳인디 묻힐 곳인디.

떡볶이

불량식품이네
집에서 어머니가
만들어 준 음식은
식약처 허가를 받지 않았기에
위생교육을 받지 않았기에
대기업 상표가 붙지 않았기에
어디 학교 앞 길거리 음식만
불량식품인가

대기업이 만든 게 아니면
고가에 사지 않으면
모두들 불량이라고 보는
이 사회의 찌그러진 애꾸눈들

그래도 난
학교 앞 길거리에서 파는
떡볶이가 제일 맛있는걸.

- 2017. 6. 3

파장

 골목에 좌판 하나 펴놓고 살 때도 이렇진 않았는데 세상이 점점 더 살기 어려워졌어 이 마트 저 마트 그랜드 마트 개 마트 바로 코앞인데 누가 이 구멍가게에 들어오겠어 처음엔 그래도 낯익은 얼굴들 미안해하는 듯도 했는데 이젠 그렇지도 않아 내가 됐어도 그랬을 거야 팔려고 내놓아도 가게도 빠지지 않고 때 묻은 비닐 앞치마 걷어 올리고 허리끈 다시 조여 매는 생선가게 아주머니 팔지 못해 배 터진 생선을 값비싼 쓰레기봉투에 눌러 담으며 "재고 처지지 않는 장사 없을까 차라리 몸을 팔아도 재고 없는 장사 좀 해봤으면 좋겠어" "있긴 있지요 재고는 염라대왕 차지 하나만 남는 아주머니는 그곳이라도 갈 수 있지만 구멍도 없는 내 일이 탈이요" 물러버린 배추를 쓰레기봉투에 담으며 대꾸하는 내 말 덮으며 저녁 어스름이 몰려온다 스모그에 가려져 별도 없는 하늘을 잠시 허리 펴고 쳐다보고 다시 한번 쳐다본다.

맥문동

맥문동 같은 사람 하나 만나면 좋겠네
사시사철 변함없이 늘 푸른 사람
아무 데서 살아도 잘살 수 있는 그런 사람
독성이라고는 하나도 없는 그런 사람
내가 열이 나면 열을 식혀줄 그런 사람
보랏빛 향기로운 눈빛을 보내주는 그런 사람
맥문동 같은 사람 하나 만나서 살아간다면.

겨울 종달새

슬픔은 내 가슴에 잠자고 있어요
파아란 하늘 위로 날지도 못하고
풀덤불 파고들어 지은 풀 둥지에
혼자서 흐느끼며 엎드려 있어요

새봄이 내 가슴에 종소리 울리면
슬픔은 눈물 닦고 얼굴 활싹 씻고
가볍게 화장하고 향수도 뿌리고
하늘로 날아올라 노래할 거라며.

- 2018. 1. 12

문경새재에서

입술 위를 걸어가네
맨발로 걸어가네

사랑하는 그녀의
립스틱 바르지 않은

슬로-우 슬로-우 슬로-우
보드랍고 촉촉한 리듬

발바닥의 느낌 그대는 처녀지의
입술 위를 걸어본 일 있는가.

가을 저녁

밤새도록 걷고 싶어라
하늘에는 반짝이는 별
발밑에는 금빛 은행잎
곁에는 사랑하는 사람.

잠자리

맑은 하늘은 네 눈 속에 깊다
너무 깊어 두 눈이 철학보다 깊어
투명한 날개 네 어깨에 돋고

맑고 가벼움 네 평생의 신념
매운 세상살이 너 톡톡 털어내고
하늘로 날아 너 하늘로 날아

나 나
보 보
란 란
듯 듯
이 이
! !

맹인 권투선수

나는 앞을 못 보는 맹인 권투선수
날마다 링에 설 때마다 두들겨 맞아 쓰러지며
세상을 향해 울부짖는 울음이
피처럼 뜨거워 화산을 뿜어낸다
날아오는 주먹이 보이지 않아서
차라리 더 편히 얻어맞기도 하지만
더 처절해질 수밖에 없는 내 울음
울음을 속으로 컹컹 짖으며
어느 하늘을 향해 울어야 하는지 알 수 없는 울음을
속 깊이 그렁그렁 채우며 그 울음 단단한 주먹으로 뭉친다
날마다 링에 오르기 위해 글러브를 끼워야 하는
세상을 케이오 시키지 못하리라
마음을 내려놓은 적이 한두 번이었던가
야유와 빈주먹에도 속절없이 쓰러졌던 마음에
강철 글러브를 끼워 내 안의 눈을 크게 뜨고
세상의 눈동자를 똑바로 쳐다보며
사생결단 강펀치를 날리고 말 것이다, 강펀치를.

수련

내일 모래면 초아흐레
백련 같던 누님 오실 날

연향蓮香이 수묵水墨으로 번지는
초저녁

별들이 초롱초롱
눈을 뜬다.

2013. 2. 28일

눈이 아프다
오전 내 가게에 앉아 신문만 보았더니
10원어치도 못 팔고
아내는 계란 한 판 2000원이란
세일 전단지를 보고
계란을 사러 갔다가 그냥 왔다
오후 4시 20판 한정이더라고
3시에 가서 줄 서야 한다고 했다
콩나물 1000원어치를 사 가지고 와서
낮에 국 끓여놓겠다고 한다
밥 먹으러 가는 길 은행에 들러
문협 회비 7만 원을 입금했다
비가 올 것만 같다.

- 2013. 2. 28

10원짜리

나는 버려진 10원짜리다.
소중히 생각해 주는 사람 없다.
하찮은 구리동전 하나다.
빛나고 싶어 반짝거려 보아도
아무도 관심 갖는 사람 없다.
주어 가지도 않는다.
만 원짜리나 오만 원짜리로 태어났더라면
빛나려 애쓰지 않아도 누가 볼세라
주어 가거나 소중히 간직할 텐데

10원을 더 넣으세요. 10원이 없어
세금을 내려는데 기계가 받아주지 않는다.
10원이 없으면 100원을 그도 없으면 1000원을
그도 없으면 만원 오만 원이라도 쪼개야 한다.
기계도 10원짜리를 소중히 생각하는데
사람만 나를 못 본 척한다.

- 2013. 2. 28

2부

풀씨 하나를 위하여

이 어찌
소중하지 않으랴
저 작은
풀씨 하나를
흙에다 떨어뜨려 놓고
신은 매일매일 아침마다
이슬 내려
맑게 닦은 기도를 하였을 것이다.

- 2014. 1. 25
2016년 서울 지하철 스크린 도어 게시

갯것 바구리

 손구락에 뻘 묻힐까 슬그머니 들여만 보고 있다가 입 벌린 새조개 살짝 건들믄 꼬막에 손이 가고 반지락도 만지고 대롱도 만지고 개두도 만져보고 납색이 꿀댕이 반질반질한 백합이나 노랑조개 꿀맛 희컨 꼴랑지 달린 촐뱅이 이쁜 각시 고동 뿔난 소래 낙지나 쭈꾸미가 뻘 묻은 대가리 들고 빤히 쳐다보고 쏙이나 찔그미가 손 위로 기어 다니기도 했지만 큰 발 벌린 반장기는 무서워서 손을 얼릉 빼냈다

 이튿날 아침밥상에는 꼬막무침 납색이즙이나 개두즙에 새조개회나 쏙쑥국이 상 가득 차려지고 할무니와 하내는 안쪽 아랫목에 상 따로 받으시고 문 앞에 식구들 전부 다 둘러앉아 갯것 국에 밥 묵는 아침 갯것 하러 못 간 뒷집 화순아재 식구들도 한테 와서 한 식구처럼 밥을 묵었다

 일곱 물이나 여덟 물은 갯것 바구리 든 사람들 골목마다 걸음이 바쁘고 다섯 물이나 여섯 물 아홉 물이나 열 물 때도 물때 놓칠세라 갯것 바구리 든 새댁들하고 처녀나 아짐들이 동무해 갯바닥으로 가고
 〈

나는 심심하믄 엊저녁 갯것 바구리서 한나 슬쩍 몰래 숨켜 논 창시까지 이쁜 각시 고동을 주머니 속에서 꺼내 가지고 놀기도 하고.

삭제한 전화번호

이제는 잊어지겠지
핸드폰 전화번호에
그 이름 삭제하고
지워버리면 잊어질 줄 알았는데
그 번호 언제 들어와 있었는지
내 머릿속에 더 또렷해지네
내 전화번호도 깜박깜박
잊어먹는데 잊어먹는데
그 이름 그 번호는 없어지지 않네
그 이름 그 번호는 없어지지 않고.

- 2018. 1. 12

빗방울

빗방울이 모여
강이 되는 것은
바다로 가기 위함이 아니든가

혼자 가기보다는
모여서 가는 것이
물길을 내기가 쉽기 때문이 아니는가

더러는 상류에서 모이고
더러는 중간에서 합류하고
하류에서 함께 하기도 하지만

뜻을 달리하지 않고
한 몸이 되어 가는 것은
오직 바다로 가기 위함이 아니든가.

- 2014. 2. 24

견디며 사는 나무

견디면서 사는 것
산다는 것은

돌산을 오르면서 길가에
수많은 사람들 잡고 올라 시달려
제대로 크지도 못하고 시달려
공이 박히고 상처 난 나무들

돌산도 길가에 왜 하필이면 태어나서
짓까시는 사람은 왜 이리도 많은가

그래도 살고 있다
살아야 한다
견디면서 사는 것
산다는 것은.

- 2014. 2. 24

꽃으로 보면

꽃 아닌 것이
어디 있으랴
꽃으로 보면

가시 아닌 것이
어디 있으랴
가시로 보면

가시도 꽃으로 보면
꽃이 되고
꽃도 가시로 보면
가시가 되는걸

꽃도 가시도
내 눈으로 들어오는 빛의 굴절
내 마음에서 자라나는 생각의 굴절
꽃 아닌 것이 어디 있으랴 꽃으로 보면.

- 2015. 5. 8

이팝나무

윤기 자르르 흐르는
고봉밥 앞에 놓으니
밥 냄새 향기롭다

얼마나
먹고 싶었더냐
차갑디 차가운 눈이
떡가루로 보였던 어린 시절

반찬 없이
밥만 씹어도
혀끝이 다디달던

지금 5월
보릿고개 힘겹게
넘던 계절

희고도 흰 꽃들이
고봉으로 피어서.

- 2015. 5. 8

가을 달팽이

뼈가 녹아 없어지도록
살아온 한 생
땅을 핥으며 살아온 한 생
집 한 채 겨우 얻었는데
집이란 게 내가 짊어지고 있긴 하여도
은행 빚으로 지붕을 만들었기에
은행이 내 집을 항상 늘여다보노톡
천장이 말갛다
그래서 내 집은
누군가 손톱으로 살짝 건드리기만 해도
부서질 것 같아서.

골목길 돌담

돌담 끼고 골목길 걷다 보면
돌들이 손 펼쳐 내밀고 악수를 청한다
돌들이 내 손을 잡아다 가슴속에 넣는다

저놈은 웃는 폼이 호탕한 원이 얼굴
저놈은 반질반질한 이마가 꼭 석이 얼굴
또 저놈은 좀장난 잘 치던 환이 같고
저기 저놈은 항상 잘난 채 위에 앉으려던 장한이
그사이 그늘진 곳에 끼어 담을 이루고 있는 내 얼굴

돌담에 돌들을 하나하나 만지며 걷는데
툭하고 손등에 감꽃이 떨어진다.

- 2015. 8. 20

열두 칸 열차

숨차도록 달려온 열두 칸 내 인생
사소함도 차창 열고 사랑도 차창 열고
손 흔들며 달려와 간이역에 서 있네
살구꽃 곱게 덮은 나무 의자에 앉아
지나온 길 돌아보며 추억에 젖어서

푸른 깃발 흔들어 내일을 당기며
튼튼한 철 바퀴에 모든 걸 다 싣고
기적을 울리며 내일을 달려가리
숨차도록 달려온 열두 칸 내 인생
손 흔들며 달려와 간이역에 서 있네.

- 2018. 1. 12

앞산 단풍

오메 추운 거
왜 이렇코롬 춥다냐
불 땐 이불 속도 썰렁하네
혼자 상께 더 추운가
앞산에 단풍 인자 막 고운디
가버린 그 사람이 그리운 것인지
그냥 사람이 그리운 것인지.

- 2015. 11. 23

하작

먹통 같은 밤
도깨비불이 뛰어다니면
억수같이 비가 온다

깨탱이 벗고 멱감던 번강도
풀게 잡던 배수 또랑 게 구멍도
잘 되던 나락밭도
논병아리 키우던 갈대숲도
머리카락 보이지 않는다
벌건 황토물속에 숨도 못 쉬고
온통 흙탕물만 반질거리는 세력이다

비 오는 하늘 목을 길게 빼고
서럽게 서럽게
왜가리 울면서 간다
왝-왝- 창자를 토해낼 듯
울면서 간다.

- 2016. 4. 25

아내

매스컴의 속임수에 넘어가
남해 벚꽃 구경 다녀와서 보니
내 집 앞에 만발한 벚꽃
말없이 서서
미소만 띠는.

- 2016. 4. 25

달맞이꽃

아들 못 보아 시앗 본
산박골 진사 댁 며느리의
이 악물고 참은 신음이
밤안개로 퍼져나갈 때
친정어머니의 얼굴로
떠오르는 보름달
숨죽이다 숨숙이다
파르르 떨며 피어나는 서러움.

- 2018. 8. 8

민낯

800원이면 300원이 더 비싸,
편의점 가까이 두고
구멍가게 찾아
500원짜리 미니 김밥 사 먹으며
탁자에 놓인 신문을 펼쳐 든 청년
청와대 민정수석의 아들이
포르셰를 타고 다닌다는
기사를 읽으면서도
욕도 분노도 표정도 없는
2016년의 얼굴.

* 2016년 8월 26일(금) 중앙일보 시선 203을 읽고

금요일 같은 사람

당신은 금요일 같은 사람
생각만 하여도 행복 가득
당신은 금요일 같은 사람
당신을 만나면 마음 편해
당신은 금요일 같은 사람
눈웃음 나누고 싶어 지고
당신은 금요일 같은 사람
어깨를 나란히 걷고 싶고
당신은 금요일 같은 사람
옷깃을 비비고 싶어 지고
당신은 금요일 같은 사람
생각만 하여도 행복 가득
당신은 금요일 같은 사람.

귀뚜라미

창호지에
달빛 하얗게 물들어
가을밤 더욱 깊구나

무릎 세우고
혼자 누워서
시 한 편 읊는다.

- 2011. 11. 15

가을날

뒷집 아주머니가
꼬들꼬들한 쌀밥 위에
배추김치 손으로 쭉 찢어
얹어주며 먹으라고 하신다
어쩜 홍시 같다는 생각이 든다.

(꽃가마 타고
시집오신 날
녹차 같던 모습
엊그제 같은데)

3부

목화

여름을 시집보내는
엷은 구름 채일 아래서
목 티어 소리 얻은 바람이
춘향가 한 구절을
뽑아내는데

고수가 치는
북소리 장단으로
피어나는
한 송이 뽀얀 얼굴.

- 2013. 3. 1

며느리발톱

내 이름을 불러주세요
나는 내 이름을 잊은 지 오래

순자도 좋고 영자도 좋고
개똥순이라도 좋아요
며느리만 말고요

내 이름을 불러주었을 때
나는 비로소 나로 살아갈 수 있는
내가 될 것인데.

- 2013. 3. 1

오해

늙은 겨울이 품고 있는 것은
어린 봄
허연 머리가 삭풍에 날려도
고사리손 어린 봄을
보이지 않게 꽁꽁 싸매
가슴으로 품고 마음으로 감싸고
남쪽에서 꽃바람 불어오기만
기다리고 있는
남쪽에서 꽃바람 불어오기만
기다리고 있는.

- 2013. 5. 3

세월호 희생자 추모 시

비가 옵니다
오늘도 내일도 모레도
어제도 그제도
비가 옵니다

마음을 짓누르는 커다란 돌덩이
가슴에서 들어내지 못하고
속절없이 비를 맞고 있습니다

피지도 못하고
봉오리로 꺾이어버린
꽃송이들

위로할 말조차
위로의 말이 되지 못하고
검은 눈물이 되어
먹먹한 가슴 밑으로
다시 밀어 넣어두어야 하는
〈

비가 옵니다
오늘도 내일도 모레도
어제도 그제도
비가 오고
우리들 가슴에
한없이 비가 내려서

- 2014. 4. 25

밴댕이

바다에 살아도
밴댕이가 있고
못에 살아도
잉어가 있고

넓은 호수에 비친
내 모습 영락없이
한 마리 밴댕이로구나.

무인도

사람 발자국 없어 닦아낼 게 없는
무인도에 가 살고 싶지만
무인도에 발자국 찍으면
또 한 곳 청소해야 할 곳 생기매
마음으로 바라만 보며 살까 하나
바라보는 마음마저 욕정에 때 묻었으니.

아내 걱정

다가구주택 3층
전셋집 창문을 열고
모퉁이 돌아갈 때까지
아침마다
손을 흔들어주던 사람
오늘 아침은
몇 번을 쳐다보아도
그 모습 볼 수 없다

약은 지어다 주고 왔지만
하루 종일 걱정은 앞장을 서서
자꾸만 3층 계단을 오르고 있다

- 2013. 8. 11

일상이 되어버린

오늘 아침
장에 가는 길
경운기에 실은 쌀
돈 사면 가마당 18만 원은 받겠지
했는데 16만 원밖에 못 받았다

농약사고 비료 사고
삽 하나 낫 두 개 사고
갈치를 사려했는데
동태밖에 못 샀다

저녁엔 그래도
모두 다 잊고 여느 때처럼
함께 둘러앉아 식사를 하고
군불 땐 방에 이불 덮고 누웠다.

부부

뼛속까지 안다고
생각하였는데
손톱 끝만큼도
모른다는 생각이 들 때도

손톱 끝만큼도
모른다고 생각하였는데
뼛속까지 알고 있는 것 같은
생각이 들 때도.

주연

큰 나무를 보며 사는 사람에겐
들꽃은 조연일 뿐이다
들꽃을 보고 사는 사람에겐
큰 나무는 조연일 뿐이다

큰 나무도 들꽃도
너도 나도.

- 2013. 9. 2

서부간선수로 1

서부간선수로에
하늘을 품은 물이 오면
하마 내 고향에도
못자리를 하겠지

삼재서 대보둠 타고
오는 물 따라
붕어도 메기도 따라오고
어린 날도 피라미도 따라오고
어떤 날은 미꾸라지 잡다
장어를 잡는 횡재도 하고

서부 간선수로에
물이 오고
꽃이 피면
나는 어린아이 되어
고추를 조막손으로 가리고
동무들 함께
대보둠으로 뛰어들어
텀벙거리면서.

서부간선수로 2

김포평야 너른 들 나락이
노란 풍년으로 펼쳐지도록
넉넉한 젖줄이었던 모천

이젠
우뚝 선 아파트들 사이
도랑 하나로 남아
산책길로 바뀌었네
상전벽해가 아니고
벽해상전이 되어버린

세상의 굴곡을
갈대 몇 포기 몽당붓 끝으로
가을을 듬뿍 찍어
공중에 기록하고.

내 안에 있는 나

내 안에는 나와 나가 있다

언제나 같이 가는 부부 같아도
언제나 여당과 야당이 된다
나는 된다고 하고
나는 안 된다고 하고
나와 나는 뜻이 달라서
헤어질 것 같지만, 헤어지지 못하고
항상 함께 같은 방향을 보고
항상 함께 같은 골목길을 걸어간다
항상 함께 같은 도로를 질주한다
나와 나는 내 안에 둘이 나란히 있어
같이 가면서도 의견은 항상 대립을 한다
나는 된다고 하고 나는 안 된다고 하고
내 안에는 나와 나가 있어
한 몸에 달린 왼팔과 오른팔
한 팔은 앞으로 한 팔은 뒤로
휘저으며 앞으로 나아가듯
내 안에는 나와 나가 한 몸으로 붙어있어도

서로 다른 방향으로 생각을 휘저으며
앞으로 앞으로 걸어가고 있다.

- 2023. 10. 20

아라뱃길

경인운하 위 창공을 가로지르는
다리 아래 그늘에 누워있으면
아기바람이 살금살금 다가와
귓불을 간질간질 장난을 친다

뚜우-
누님이 부르는 듯 뱃고동이 저만치서
정다운 목소리로 아는 체하고
고운 손 한들한들 꽃처럼 흔들어 주는
관광객들로 뱃전을 가득 치장한 배

꽃병 든 새색시가 치마를 끌며 가듯
옥빛을 비춰놓은 거울 같은 물 위를 천천히
스치면서 배가 지나고 나면

수정같이 맑은 물 여기저기서
숭어가 뛰어오른다. 별처럼 반짝반짝.

청라도

사랑보다 붉게 타는 노을 가슴에 안고
푸른 바다 작은 배 타고 청라도 건너가서
파도 소리 조개들 속삭임과 하룻밤 같이 자리라
부푼 가슴 더 부풀어 청라도 갔더니
청라도는 자취 없고 청라만 있었네
바다 막아, 섬은 둑에 묶여 사슬에 묶여
바다와 섬 이야기들 이미 잊어버려
말할 수 없는 소식들만 가슴에 품고.

왜인지 몰라도 통쾌하다

통쾌하다

검은 들소가 호랑이를 뿔로 찔러 공중에 던지는 것이
호랑이가 멀리 나가 찰싹 떨어지는 것이 버둥거리는 것이

소의 목덜미에 소의 엉덩이에 청산가리 같은 것이 묻어있었다면
빌딩 속에 우글거리는 호랑이 떼
저것들이 자세를 낮추는 것은 사냥을 위한 포석일 뿐
길목을 지키며
누우 떼가 지나가기만을 기다리는
무리에서 뒤처지는 약자를 기다리는

달리고 달리던 누우 떼
뒤처지는 약자가 있음을 알고
되돌아와 호랑이를 뿔로 걷어 올려
이리저리 공놀이하듯 서로 주고받고 하는 것은
월드컵 경기에서 공을 넣는 것보다 더

통쾌하다.

- 2023. 10. 20

덕적도에서

섬을 맛보러
배를 탔더니
그해 여름이 너무 무더워
우럭이 공중으로 뛰어올라
매미가 되었는가
철렁, 매미 울음이
거미줄에 걸린다
매미 울음을 땅거미가
칭칭 감아 저녁 밥상에 올린다
덕적도의 여름 저녁상은
생선요리가 아닌 매미 울음
온통 매미 울음으로 만든 요리
가만히 누워 귀로 저녁을 먹고
파도 소리로는 발만 덮는다.

- 2013. 2. 28

부평초

인천대도 부평에 이사 와서
벌써 몇 번짼가
셋집 얻으려 다니는 일이

고향 떠나올 때
자르고 온 뿌리
뿌리내리지 못하고

이리 밀리고 저리 밀리고
뿌리 떨어지듯 전세금 떼이고

봉사 개구리 점쟁이 하는 말이
열다섯 번 이사 다녀야
내 집 마련해 살 수 있다는데

인천대도 부평에 이사 와서.

- 2016. 10. 13

부평 지하상가

비가 오거나 외롭거나
그리움에 눈이 오거나
마음이 허덕일 때는

여기로 와 보세요
여기에 발길을 넣어보세요
거대한 도시의 내장

출구를 찾기 어려워
헤매다 보면
모든 걸 잊어버릴 거예요
현재만 남을 거예요

현재가 가장 중요하니까요
이곳은 과거를 세탁하여
현재를 입혀 주는 곳
내일을 입혀 주는 곳.

4부

쓰러진 벼

비바람에 쓰러진
벼를 세워보았는가
한 포기씩 세우면
도로 누워버리지 않던가
의지는 한 번 꺾이면
버릇처럼 흙으로만 가고 싶은 것
몇 포기씩 묶어 세워야
서로가 서로의 지주가 되어
다시 넘어지지 않는다는 걸
흙을 가꾸는 농부들은 다 아는 일이라네.

- 2013. 11. 25

5월

모란꽃 피어
붉은 마당에
비둘기 한 쌍
내려앉아
청보라빛
목을 비빈다.

텔레비전

저놈은 뻥을 잘 쳐
언제나 네모처럼 얌전하지만
언제나 사실만 말한다지만
저놈의 말은 신이 들려있거든
언제나 우리의 귀를 방문할 때는
언제나 우리의 눈을 방문할 때는
꽃다발을 들고 와
구름처럼 부풀리거나 도깨비장난을 한다
무엇이든지 믿게 만들고
손톱처럼 작은 것도 태산처럼 크게 만들고.

- 2014. 1. 25

새재장

장은 새재장
3·8 오일장
탈탈거리는 경운기에
쌀 싣고 돈 사러 가는 길

툴툴툴 투덜대며
운동화 사 달라 조르던
막내 놈 투정처럼
쪼그라진 새벽달이
그냥 넘어가지 못하고
산에 걸린 채 입꼬리를 내리고

장은 새재장
3·8 오일장
탈탈거리는 경운기에
쌀 싣고 돈 사러 가는 길
아침이 오려고 동쪽이 환한 길.

- 2013. 11. 25

이삿날

집을 늘려서 가거나
집을 줄여서 가거나
이사 갈 때
다시 와서 살 것 맹크롬
깨끗이 소지해 놓고 가는 사람이 있는가 하믄
다시는 안 올 것 맹크롬
쓰레기 구덕을 맹글어 놓고 가는 사람이 있어야.

- 2014. 6. 1

사는 사람

땅을 살 때나
집을 살 때나
살 때는 값을 안 깎는 법이다
오죽해서 팔 것냐
물건을 살 때도 그래
장사꾼도 먹고살아야 안 하것냐.

- 2014. 6. 1

10월은

10월은 사과가
연지곤지 찍고 시집가는 달

10월은 석류가
속으로 퇴고한 시가 여무는 달

귀뚜리는 가락으로 베를 짜
하늘 창을 닦고

10월은 모과도
숨겼던 얼굴을 내놓는 달

이 세상 모든 생명 있는 것들을
영근 기도로 가슴속에 품어 향기로운.

- 2014. 10. 11

깨진 유리조각

깨진 유리조각들의 나라
깨진 유리조각들이 동네마다
마을을 이루어 모여 산다
거리를 가득 메워 활보한다
깨진 유리조각들이 뛰어간다
깨진 유리조각들이 식탁에 앉아
깨진 유리조각을 먹는다
깨진 유리조각들이 모인 의회
깨진 유리조각들을 내어 뱉는다
도시에 시장에 길거리에 차 안에
들에도 산에도
깨진 유리조각들의 시대
깨진 유리조각들의 나라에
나도 깨진 유리조각이 되어 살며.

- 2014. 10. 11

넥타이 맨 송아지

목매기송아지
넥타이 맨 회사원

바라보는 송아지
바라보는 회사원

코뚜레 꿰인 소
호봉 높아진 회사원

말뚝에 묶여있는 소
날아가는 새.

- 2014. 10. 30

고등어

고등학교 때 먹은 고등어
팔딱팔딱 뛰던 고놈
탱탱하여 탄력 좋던 고놈
지금 어디서 무얼 하고 살까
나 지금 바다로 가고 싶어.

- 2015. 1. 20

누우 떼

검은 행렬 누우 떼
달려간다, 초원을 찾아

보이지 않는 물속엔
악어 떼
보이지 않는 바위 뒤엔
호랑이
보이지 않는 나무 뒤엔
사자
보이지 않는

검은 행렬 누우 떼
달려간다, 초원을 찾아.

할머니는

할머니는
우리 집에 제일 어른이다
약속은 꼭 지키고 원칙을 중시하기로
우리 동네에 소문난 분이다

할머니는
가족 모두에게 새 옷을 사 준다고
굳은 약속을 하였지만

설이 되어도
큰형들만 새 옷을 사주고
우리들에겐 형이 남긴 헌 옷만 주었다
엄마 아빠는
할머니 비위만 맞추려고 눈치를 보면서
지금은 형편이 어려워서 그런다고 하였다

설에 세뱃돈을 받으면
그건 너희들이 가지고 있으면 안 돼
어미에게 맡겨두어라
할머니는 세금 걷듯 용돈을 걷어가셨다
그 돈으로 큰 형들 옷을 사 줄 것이다

틀림없이

우리들은 알고 있었어도
가만히 있을 수밖에 없었다
제일 어른이신 할머니 말이므로.

- 2015. 4. 15

아버지는

아버지는 고집이 세다
내가 보기에는
가족의 말을 가족들의 말을 듣지 않는다
밭에 깊은 또랑을 내고
산을 잘라서
논에 댈 물을 끄집어야 한다고
그 또랑에 배를 띄워
거름이나 수확물을 운반해야 한다고
온 재산을 다 쏟아부었다
아버지가 돌아가신 다음
물은 사방에서 새고
정작 논에 들어가는 물은 없었다
그게 허황된 일이라는 걸
알고 있었지만
아버지의 고집을 꺾을 가족은 없었고.

- 2015. 4. 15

형은

문제아는
문제를 풀지 못했다
문제아는
문제를 더 어렵게
헝클어놓았다
문제아는
자기가 문제아라는 걸
몰랐다
문제아는
문제아 때문에
문제가 된걸
문제가 된 세상이라는 걸
사람들이 5년마다 손가락을 하나씩 잘라
몽둥이 손이 된 것을*
몰랐다
지난밤 꿈, 내 손에 손가락이 하나도 없이
뭉턱손이 되어있었다*

* 인터넷에 떠도는 글 차용해 온 것임

- 2022. 1. 12.

밤 치는 밤

겉옷을 벗긴다
미세한 손끝 떨림
가쁜 숨 잠시 멈추고
보늬를 벗긴다

오금에 때 끼었나
가슴속도 사타구니도
살피고 살피고 또 살핀다
아직 보지 못했던
때 찾아 벗겨낼까
점을, 조사를 떼어낼까

어느 신에게 바쳐야 할
알몸인가 하얗게
다이아몬드로 깎았으면
시어 하나

신이시여
애인이시여
내가 보낸 나를
혀끝으로 도금할 독자여

〈
미닫이를 스치는 달빛의 끝자락
둥근 중심을 눈썹 끝에 매달아 놓고
오늘 밤, 밤을 친다
나를 다듬는다.

보면 안 돼

보면 안 돼 아이들은
저리 가 있어라

뒷담 울안
소 교미 붙이는 아버지 말씀
안 본 척 살며시 숨어 보았다
수소 자지 꺼내 암소 위에 올라타
암소 궁둥이 한번 번개 치듯 찌르고

보면 안 돼 아이들은
저리 가 있어라
돼지 막 안
돼지 교미 붙이시는 아버지
안 본 척 슬그머니 숨어 보았다
수퇘지 배 밑에 꼬불꼬불
빨간 나사 자지 꺼내더니
암퇘지 등에 올라타
궁둥이 앞뒤로 흔든다
아이고, 오래도 그러고 있네
식식거리며 수퇘지 내려온다
반 시간이나 돼서야

〈

아침에 일어나
이웃집 심부름 가는 길
궁둥이 맞댄 개 두 마리
아교풀로 붙여 놓았는가
붙은 채 끙끙거리네
저놈의 개가 망측하게
옆집 순자 어머니 바가지 가득
물 떠 와 퍼붓자
깨갱 깽 떨어져 도망간다

점심 먹을 때
마당에 놀던 닭구새끼
수탉이 꼬꼬꼬 날개를 들고
암탉 향해 옆걸음치며 달려가
암탉 위에 올라타 꽥꽥
내려와서 홰 한 번 친다
저 닭 왜 그래요, 아버지
응, 알 날라고 그런다.

라일락 세 그루

우리 동네, 동네 입구
큰 길가 제일 첫 집에는
라일락 세 그루
어른 키보다 훨씬 더 큰
라일락 세 그루

동네 사람들 다 지나다니고
길가는 사람들 다 지나다니고
개도 소도 지나다니는 큰 길가

우리 동네, 동네 입구
큰 길가 제일 첫 집에는
라일락 세 그루.

- 2011.10.12

써레시침

단단한 땅을갈던
쟁기도 허리펴고
편평히 논고르던
써레도 발을씻네
무사리 검은사리
모내기 보리타작
딴닦고 비올새도
없었던 오뉴월달
흙묻은 옷가랑이
이불에 닦았어라
오늘은 오줌누고
뭐ㅅ도 한번보고
샘물로 목욕하고
모시옷 꺼내입고
술빚고 돼지잡아
고스레 주었으니
모포기 살랑살랑
목구멍 때베끼고
속옷도 벗어보리.

- 2012. 3. 6

돌멩이

돌멩이에 걸려 넘어지지 않고 자란 사람
찾아볼 수 있으랴

누구나 몇 번쯤 돌멩이에 걸려
넘어지고 무릎이 깨지고
그렇게 성장했을 것이다

돌멩이에 걸려 넘어지고
무릎이 깨져서 피가 난 뒤에
사람은 더욱 성숙해진다는 것을

길가에 흔하게 널려있는
저 돌멩이들
그도 네 스승 아니겠는가.

- 2014. 1. 25.

가을 편지

지상에 나무들은 더 고운 옷으로
단장을 합니다
하늘은 더 맑은 옥색으로
물 들어갑니다
나무들이 입은 저 고운 옷을
빌려다 고쳐 옷 지어 드릴까 하다가
하늘에 맑은 옥빛 물감을
빌려옵니다
그 물감으로 편지를 씁니다,

비망
-할머니의 일생

나는 너를
땅에다 묻지 못했다

한숨으로 겹겹이 하얗게 싸서
오목 가슴속 양지에 묻고
갈비뼈로 덮었다

따라서 못 가는
길이 그 길이라
이렇게 살고 있구나

눈앞이 캄캄해도
수저를 드는구나
밥을 떠 넣는구나.

- 2014. 12. 20

물푸레나무

소나무 같은 서방
곁에 두고 살려고 온
가냘픈 이 몸
시누이 같은 시누대들이
줄줄이 자라 올라
조그만 바람에도
거친 잎늘을 비벼대거나
혀 같은 잎들을 팔랑거려서

달빛에도 여윈 가슴을
저 강물에 푸르게 풀어놓고.

고란초

삼천궁녀 뛰어내리던 날
그중 제일 어린 궁녀의
비단 저고리 초록 고름이
저기 저 절벽 바위틈 등걸에
짙푸른 바람으로 걸려있다가
한겨울에도 진초록으로 살아나서
천년이 지난 오늘 비 갠 새벽에
이슬 머금고 꽃으로나 피어서,
꽃으로나 피어나려 했을 것인데
그마저도 이루지 못하고 포자로
숨 가다듬다 겨우 남긴 꽃말.

* 꽃말 : 포기하지 마세요

지금 내가 서 있는 이 자리가

나는 알고 있습니다
당신이 꽃으로나 살고 싶었지만
꽃으로 살고 있지 못한다는 걸
나도 그랬으니까요

나는 알고 있습니다
당신이 산들바람으로나 살고 싶었지만
산들바람으로 살고 있지 못한다는 걸
나도 그랬으니까요

우리들은 누구나
꽃으로 살고 싶고
산들바람으로 살고 싶고
3월의 투명한 햇빛으로 살고 싶지만

나는 알고 있습니다
사람들은 다 자기가 살고 싶은 대로
살지 못한다는 걸, 그래도
지금 자신이 서 있는 이 자리가 꽃밭이라
생각하고 산다면 그게 꽃밭이라는 걸
행복의 향기 가득한 5월의 궁전이라는 걸.

가장은

가장은 가장 소중한 말이다
가장은 가장 믿음직한 말이다
가장은 가장 힘 있는 말이다
그러나 가장은 가장 속이 쓰리고
어깨가 무겁고 가슴이 아프고
눈물이 없어도 눈물은 항상 조금
극세사 잔잔한 바다에도
해일이 이는 태풍의 바다에도
닻을 내리지 못하고
돛을 올려 항해를 해야 하는
가장은 가장 성실한 선장.

하루쯤 삐비꽃 흔들리듯이

돈도 좋지만 햇볕 바른 양지
무덤 옆에 누워 가만히 눈 감고 있어 보자
명예도 좋지만 무더운 여름날
시원한 계곡물에 발 담그고 있어 보자
여자도 좋지만 팽나무 그늘
평상에 누워 솔솔 부는 바람에 슬며시 잠들어 보자
섹스 마약 술도 좋지만
하느님은 나에게 햇볕과 바람과 물을 주셨으니.

- 2016. 8. 8

흙길

사람들은
한사코
시멘트로 길을 덮으면서
사람들은
한사코
흙길을 밟아보려고.

- 2014. 7. 10

청사초롱

청양에 사는 구기자 농사꾼 홀아비와
남당에 사는 백합조개 잡아 파는 홀어미가
천안삼거리 버들 아래서 오월도 단오 넘어
나무에 물오르는 날 만났는데
그놈의 속궁합이 잘 맞지 않아 애태워하는 말이
차라리 매운 청양고추 농사를 지을 걸
하필이면 이렇게 작은 구기자 농사를 지어서
이 말을 듣고 있던 홍성한우가
날 한 점만 잡숴보세유- 하고 늘어진 울음을 우는데
금산에 인삼이 질세라 미끈한 몸을 쓰다듬으면서
날 한 뿌리만 잡숴보세유-

그 뒤야 뭐라고 더 할 말이 있겠어유.

밥풀

밥풀 하나가
목구멍으로 넘어가며 생각한다
일 년 내내 나를 위해
비는 얼마나 내릴 것인가를
고민하였을 것이고
바람은 얼마만큼 불어야 할까
고민하였을 것이고
구름은 얼마만큼 볕을 내려보내야 할까
고민하였을 것이고
농부는 여든여덟 번 다정한 손길을
주면서도 더 많이 주지 못함을
고민하였을 것이고.

- 2018. 6. 3

아침에

아내가 뎅공* 짚고 도시락을 싸다가
"다른 분 반찬은 걸지요" 한다
"다 거기서 거기지 뭐
당신이 싸준 반찬이 제일 좋아"
묵은김치와 계란부침과 멸치볶음이
머리를 맞대고 다정하다.

* 뎅공 : 허리가 아파서 무릎에 팔꿈치를 얹고 일하는 것

- 2018. 6. 3

아마도

말없이 기어가는 한 마리 벌레를
신발로 밟아 문지르는 아이야
다음에 네가 커서 보면

물에서는 피라미만 못한 것이
사람이라는 걸
공중에서는 하루살이만 못 한 것이
사람이라는 걸

말없이 기어가는 한 마리 벌레를
신발로 밟아 문지르는 아이야
다음에 네가 커서 보면.

능소화

소문은
휘감은 자가 먼저 낸다

누가 알았으리 가만히 앉아있는
저 여자를 범한 자가 그라는 것을

몇 나디 뽐내는 듯 살짝 한 밀이
금방 무성히 자라고 엉클어지는
소문의 습성이자 특성이라는 것을

멀리 있어도 아는 사람은 다 아는데
하늘 아래 부끄러운 일 하지 않은 척
세상을 향해
살랑살랑 손을 흔들며 웃고 있는

저 저 저
어느 동네를 가나
한두 사람은 꼭 있어.

- 2018. 10. 7

하루는 왜 이리 길고

하루는 왜 이리 길고
세월은 왜 이리 짧은가
아침에 일어난 지가 까마득한데
한평생이 어제 같구나

돌아보면
젊었을 때에는
하루가 노루꼬리였고
세월이 뱀보다 더 징그럽게 길었는데 세월이 새끼사리 아흔 개 풀어 이어 놓은 것보다 더 까마득했는데

하루는 왜 이리 길고
세월은 왜 이리 짧은가.

인천 차이나타운 (정하선 2017)